AF231845

AVANT
PENDANT ET APRÈS
LA GUERRE

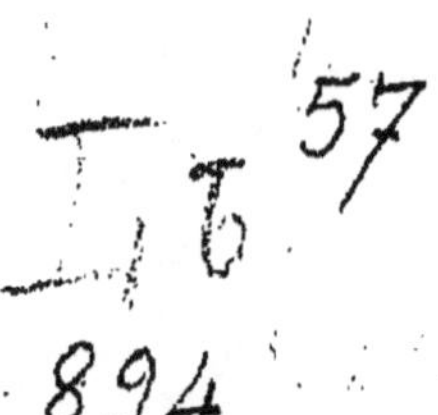

LONS-LE-SAUNIER,

Imprimerie spéciale du *Républicain du Jura*.

AVANT
PENDANT ET APRÈS
LA GUERRE

Forwards! Forwards!

DEUXIÈME ÉDITION

Prix : 30 centimes, au profit des blessés

LEDO

MARMORAT ET LISSUT, LIBRAIRES

Décembre 1870

AVANT
PENDANT ET APRÈS
LA GUERRE

INTRODUCTION

L'histoire nous enseigne qu'il est des moments où les peuples ont besoin de subir de rudes épreuves.

Plus ces épreuves sont profondes, plus est grande la rénovation qui les suit.

La France en est là, Elle ne pouvait redevenir digne, respectée que sur les ruines fumantes de la fortune de ses enfants.

En allumant partout l'incendie, en portant de tous les côtés la dévastation, l'étranger, envoyé par la Providence, a régénéré nos cœurs et ranimé dans nos âmes le souffle puissant des grands principes de 1789, principes tutélaires, oubliés, méconnus, sous le joug d'un honteux servage, au sein d'une énervante volupté.

La leçon est dure, mais elle est juste, méritée, complète.

A l'œuvre, citoyens, pour la régénération; et avant tout, que le bras destructeur soit éloigné, anéanti, car sa mission est terminée. Que tous les efforts convergent en ce sens ; point de pitié ; il faut sortir vainqueurs, il le faut ; entendez-vous ?...

Et nous, dont la vue est affaiblie par un travail assidu de bien des années, ne pouvant utilement employer un fusil, nous avons pris la plume et écrit ces pages afin de concourir à l'œuvre commune dans la mesure de nos forces.

La plume, employée à propos, est encore, selon nous, la souveraine puissance.

Un grand homme, actuellement ministre, a dit quelque part: « c'est le livre qui a gagné Sadowa. »

A notre tour nous disons à notre chère patrie : c'est par le livre que vous auriez conjuré les malheurs qui assaillent le pays ; c'est avec lui que vous vous régénérerez ; lui seul pourra vous rendre la place que vous avez un moment perdue.

Ne l'oubliez pas au lendemain du danger ; l'avenir vous appartiendra.

AVANT LA GUERRE

Ce n'est pas seulement Lui qui est l'auteur de la position où nous sommes, mais bien encore nous qui l'avons laissé faire pendant vingt ans !...

« Le misérable ! le scélérat ! l'aurait-on jamais dit ! l'aurait-on jamais cru ! laisser le pays dans une situation pareille et fuir, fuir comme un lâche, pendant que la France se tord dans les convulsions d'un peuple qui se régénère ! »

« C'était bien la peine de vouloir dominer le monde, d'anéantir les idées, d'aplatir les âmes, de faire argent de tout pour satisfaire ses appétits sensuels, pour finir encore plus honteusement que l'Autre ! »

« Enfoncée l'idée napoléonienne, et comme il faut. Merci, mon Dieu ! il fallait peut-être cela pour l'enterrer à tout jamais, elle et bien d'autres choses avec... Qui l'eût dit, qui l'eût cru ! »

Mais vous, qui jugez si bien la chose après, il y en avaient qui le croyaient et le disaient avant ! Pourquoi n'avez-vous pas eu la foi ? comment vous êtes-vous conduit jusques et au moment du plébiscite ?...

C'était l'heure où vous pouviez réparer bien des fautes et jamais, en aucune occasion, vous n'avez mieux oublié votre devoir, votre dignité, votre intérêt.

Au plébiscite, Il vous disait sur tous les tons : votez pour moi, pour ma dynastie à perpétuité, et tous les biens vous seront acquis, la paix, la prospérité et le reste.

Cela fut dit, cela fut fait... trois mois après !...

Elle est jolie la paix, elle est belle la prospérité ; et la dynastie perpétuelle, donc !

La Providence veillait sur nous.

C'est ainsi que l'on croit conduire les peuples en plein XIX⁰ siècle !!! Parjure ; le crime du 2 décembre recevait sa punition.

Qui l'aurait dit ? qui l'aurait crû ?

Ah ! certes, pas la majorité du Corps législatif, pas le Sénat ! encore moins les ministres et ces conseillers ou généraux gorgés d'or ; ajoutez-y encore cette armée administrative autour de laquelle le maître avait depuis longtemps établi un blocus intellectuel qui paralysait tous ses sens.

Mais cette armée administrative si bien disciplinée. ces conseillers et généraux corrompus, ce Sénat complaisant n'existaient ainsi que parce que la majorité du Corps législatif le voulait bien.

Et cette majorité du Corps législatif !... mais, c'était votre œuvre, peuple français ! vous la mainteniez telle ! elle ne vivait qu'avec votre assentiment ; un mot de vous, elle était renversée.

Vous vous êtes bien gardé de le dire, ce mot qui aurait épargné à la France de terribles désastres et au monde entier un avenir peu rassurant.

Pourquoi? Parce que la vérité, sortie si souvent de la bouche des hommes qui gouvernent aujourd'hui la France, ne parvenaient pas jusqu'à vous,

Parce que, comme nous le disions tout à l'heure, un blocus intellectuel était établi sur tous les esprits honnêtes et indépendants, sur toutes les sources où vous auriez pu puiser de fortes et grandes pensées.

Parce que, ministres, préfets et sous-préfets, juges de paix, maires, percepteurs, commissaires de police, gendarmes, gardes champêtres et forestiers, etc., forcés, payés, soudoyés, usaient de tous les moyens possibles afin d'écarter de vos yeux cette vérité qui aujourd'hui est, comme le soleil, brillante d'un éclat, hélas, bien tardif.

Parce que cette armée de mercenaires, vivant de vos sueurs, tenait chaque commune, chaque hameau comme en état de siége, n'y laissant pénétrer qu'une presse vénale, un journalisme infect, entassant mensonge sur mensonge et dressant à tout propos devant vous le fantôme maintenant salutaire de la révolution.

Là seulement où cette armée ne pouvait jeter son voile funèbre et trompeur, la vérité perçait au grand jour; ailleurs, tout restait dans l'ombre.

Vous n'étiez donc pas seuls coupables, vous qui manquiez d'éléments pour juger; il y avait encore Lui et surtout ceux qui l'entouraient; car, en général, un homme n'est grand que par la petitesse des gens qui l'environnent.

O mon pays! de quel immense forfait vous êtes-vous donc rendu coupable pour l'expier depuis si longtemps?

Un formidable éclair de liberté avait régénéré la na-

tion; des abus inouis et sans nombre étaient tombés—
dans le sang, il est vrai,— mais enfin étaient tombés;
et depuis, nouveau Sisyphe, vous entassez régimes
sur régimes, dynasties sur dynasties, les balayant
sans cesse au prix des sacrifices les plus douloureux,
des remords les plus cuisants!

Et le siècle marche toujours, et la liberté ne vient
pas...

Quant à Lui, sa destinée est accomplie; il ne doit
plus compter au nombre des vivants. Depuis longtemps il découvrait à l'horizon de sinistres points
noirs; il voulait les conjurer; vains efforts.

C'était écrit!

Plus rien ne lui réussissait depuis la faute, la
grande faute du Mexique et sa politique inexplicable
avec la Prusse, l'Autriche, Rome et l'Italie.

En outre, ses tentatives pour ramener l'opinion
demeuraient impuissantes; Il le voyait bien : régime
plus ou moins parlementaire, achat des consciences,
mise à prix de la pensée... rien...

Encore moins le plébiscite...

Et la guerre... donc!...

Il part, nouveau Marlborough, acclamé par les
siens; il part pour Metz, consolider sa dynastie.

Il part, armes et bagages, avec son fils, ses généraux, une nuée de serviteurs : c'était splendide! tout
or, joie, espérance.

Il savait bien au fond, le lâche, que le pays ne
partait pas avec lui; il allait le chercher dans une
grande victoire; et Lui, après, disparu de la scène
comme dans une auréole, son fils nous restait!...

Pauvre France!

Mais l'heure des châtiments avait sonné, et Sedan ! Sedan !...

Que sont-ils tous devenus?... que sont devenues les neiges d'antan?...

C'était bien la peine de tant remuer le monde pour tomber si bas, si bas !...

PENDANT LA GUERRE

Sedan!... Sedan!... jour d'expiation et de té-
nèbres pour les uns ; de justice, d'espoir, comme de
réhabilitation, pour les autres.

Véritable point de départ de la guerre actuelle...
Avant ; affaire de dynastie, intérêt circonscrit autour
d'un seul, aux frais et dépens de tous. Après ; réveil
du pays, réveil du lion, qui veut la mort ou la victoire...

Après Sedan, voilà ce que nous aurions fait, si nous
avions eu l'honneur d'être avec ceux qui gouvernent
aujourd'hui la France.

Nous nous serions présenté devant Guillaume et
son fidèle Bismarck et leur aurions tenus à peu près
ce langage.

Un lâche vous avait déclaré la guerre dans un but
que vous savez bien ; il a été vaincu, il a fui, pour
votre bien et pour le nôtre : vous êtes maintenant
devant un pays qui n'est pour rien dans l'affaire. Un
ordre nouveau vient d'être fondé, cet ordre possède
dans sa devise le mot de fraternité ; il n'a point l'in-
tention de manquer aux obligations que ce mot com-
porte ; pour lui tous les hommes, tous les peuples
sont des frères ; il s'inspire de cette doctrine qui
nous oblige à nous aider les uns les autres et nous

défend de nous tuer, c'est-à-dire de faire tuer de braves gens qui ne sont pour rien dans le débat ; qui ne respirent que paix, tranquillité, bonheur.

Cela ne vous va pas ! vous voulez guerroyer quand même ! et bien allez !... Dieu et l'univers vous contemplent. Quand à nous, nous déposons les armes sur l'autel de la patrie. Faites ce que vous vondrez ; la République ne se fonde pas de son gré dans le sang ; elle préfère la vie du plus humble de ses enfants, la conservation du plus petit héritage à cette vaine gloire, espèce de crime, dont l'étendue ne se mesure qu'au plus ou moins grand nombre d'hommes tués, à la plus ou moins grande surface de pays ruiné, ravagé.

De là Alexandre, César, et l'Autre que vous savez.....

Qu'aurait fait le roi de Prusse ? il serait resté en place ! ou bien il aurait marché, marché ; pris, pris ;

Et après ? s'il avait tout pris, qu'en serait-il résulté ? La France serait annexée à la Prusse, ou, ce qui serait la même chose, la Prusse à la France ; et alors un état puissant, très-puissant, aurait réglé les destinées de l'univers !

Deux peuples se seraient donné la main au lieu de s'entre-tuer ; aujourd'hui irréconciliables à jamais !.....

Qui aurait été surprise, consternée ? l'Europe !... elle a bien laissé faire !.....

Mais il n'en a point été ainsi ; l'épée a tranché la question. Tout retour sur le passé est superflu, hors de propos ; il n'y a plus à hésiter ; c'est la guerre, mais une guerre à outrance; il faut que l'un des deux peuples succombe.

Après Sedan, Strasbourg; après Strasbourg, Metz ; après Metz !...

Êtes-vous bien décidés? vous ne tenez pas à mourir horizontalement ?

Alors sachez bien que si nous étions de nouveau et pour quelque chose dans les affaires de notre chère patrie, raisonnant tout autrement qu'après Sedan et cela pour être conséquent avec nous-même, nous dirions : Après Metz !... quoi qu'il arrive !... et même après Paris !... et tant qu'il restera un Prussien sur le sol français; entendez-vous bien, tant qu'il en restera un seul !... point de merci !...

Car enfin ce n'était vraiment pas pour être vaincu que vous continuiez la guerre après Sedan ! c'était pour être vainqueur; autrement de quel forfait épouvantable auriez-vous chargé votre conscience ! la responsabilité que vous auriez assumée serait plus que criminelle, les conséquences désastreuses.

Alors, qu'attendez-vous? vous êtes invincible dans vos foyers, au milieu de l'hiver ; vous pouvez perdre encore des batailles ; elles serviront à vous régénérer, vous en avez besoin; rien n'élève comme l'adversité. Mais l'ennemi, une seule défaite, et la France tout entière le suit jusqu'à Berlin !...

Allons debout, tous, jeunes et vieux, appel suprême, forgeons des armes, tout est bon pour cela, surtout celles de l'ennemi; fondons nos cloches, redressons nos faux, il n'y a plus rien à attendre, car Paris pourrait avoir faim, et après Paris !... comme après Metz !... guerre à outrance, guerre partout, non pas la honte, non pas la mort, mais la victoire, si vous le voulez, entendez-vous! quand vous le voudrez!... la République française ne saurait mourir, et, victorieuse, elle fonde à jamais la République universelle.

En avant, citoyens, en avant; nous avons des comptes terribles à régler à Berlin!...

Pas un moment à perdre, c'est déjà bien tard ; le tiers de la France est ravagé, et cependant l'ennemi est à moitié vaincu ; il s'épuise depuis trois mois, sans tirer un coup de canon, devant la capitale du monde civilisé qu'il assiége en vain et dans laquelle il croyait entrer sans obstacle...: quel déboire..

Mais en attendant il vit de rapines et de pillage, et nous hésitons et nous vivons encore!... Pensez à la situation des provinces envahies! rappelez-vous Valmy et Jemmapes!..,

Ecoutez Gambetta ; c'est du Bazire ; vous savez, le Bazire de la Convention!

Un jour, c'était en 1793: comme en 1870, avec autant de décision, de courage et de gloire. Mercier, le fameux auteur du Tableau de Paris combattait la proposition qui avait été faite à la Convention de ne point traiter avec l'étranger tant qu'il foulerait le sol de la patrie.

« Vous avez donc fait un pacte avec la victoire » s'écriait Mercier. « Non, » répondit froidement Bazire, « nous en avons fait un avec la mort! »

Tout comme Cambetta!

Or nous voilà à peu près dans la même position qu'en 1793, devant le même ennemi, plus exigeant, plus rapace, plus cruel ; nous hésiterions! Trente départements saccagés crient vengeance...... leurs dépouilles sont en Prusse ; allons les reprendre !...

L'ennemi découragé, hésitant, épuisé, regrette ses premiers pas ; l'Europe admire un peuple qüi, après tant de désastres, se relève plus fort, plus grand que jamais.

Attendez la victoire! Elle va venir, elle vient, elle est venue !... Les frimas lui servent de cortège. Allons cueillir les lauriers de Marathon !...

La République seule pouvait produire d'aussi puissants résultats.

APRÈS LA GUERRE

Grande et chère République, nous avons bien mérité de toi, nous t'avons bien gagnée ; il faut maintenant t'établir, te faire entrer dans nos mœurs de façon à éviter le renouvellement de ces désastreuses épreuves que notre pauvre patrie traverse depuis un siècle.

Et d'abord union, union la plus complète entre tous les partis, entre toutes les fractions, surtout de la démocratie et, pour cela, exclusion irrévocable et bien à perpétuité cette fois de tous les prétendants passés, présents et à venir.

« Nous ne voulons plus être ni dupes, ni complices, » comme l'a dit naguère et fort à propos un des plus illustres représentants du pays, M. Grévy.

Il s'agit de fonder sur le roc. Employez pour cela des Républicains sincères, désintéressés ; le reste viendra tout seul.

Arrière les Henri V, les Louis-Philippe II, dont vous avez si bien éconduit les pères ; sans parler des Napoléon IV, dont vous avez bien assez, nous le pensons cette fois !... et nous aussi.

Il faut être conséquent avec soi-même et ménagers enfin de nos intérêts si souvent compromis.

Vous voudriez de nouvelles expériences après la

rude leçon qui vient de nous être infligée? Mais alors notre patience est inépuisable ; elle égale notre ineptie.

Vous aviez fondé, à quel prix, grand Dieu! une grande et forte République, et, lorsqu'elle commençait à bien aller, vous vous jetez entre les bras d'un seul homme, d'un despote, que 1815 renverse avec fracas.

Puis vous retombez entre les mains d'une dynastie antique et vermoulue que vous étayez tant bien que mal avec des traditions usées, des priviléges iniques, sans pitié pour la génération nouvelle qui frappe à la porte, et un beau jour ce rapiecement gothique, ridicule, s'écroule, emportant avec lui toutes ces illusions grotesques du passé.

Et après 1830 vous recommencez ! et après 1848 vous recommencez encore ! et après 1870 vous recommenceriez toujours !

Oh ! mes chers concitoyens, nous vous en supplions, assez comme cela de fautes commises, de replâtrages insensés, d'épreuves horriblement coûteuses; place aux aspirations d'un peuple, aspirations injustement méconnues et qu'il faudra bien un jour satisfaire...

Et si, en attendant, le besoin inconsidéré et ruineux d'adorer un fétiche quelconque se fait encore parmi vous sentir, pour votre malheur, eh bien, usez d'une royauté nouvelle, économique, sans pareille ; de la royauté du soliveau.

Jusqu'ici un roi quelconque coûte, bon an mal an, de 25 à 50 millions. Il fait commettre à son peuple des fautes et lui impose des dépenses à son gré pour des centaines de millions. Ces résultats sont acquis ; les motifs en sont clairs ; il ne lui en coûte pas un centime ; ce sont ses sujets qui paient.

Avec notre souverain, plus de traces de ces effroyables abus ; les frais de premier établissement une fois faits, tout est profit. Exemple.

Prenez un bout de bois quelconque ; enveloppez-le de nippes et oripeaux magnifiques ; installez-le sur un trône richement orné, dans la plus belle salle du plus superbe palais....

C'est tout ; l'affaire est faite ; voilà votre roi ; rendez-lui les plus grands honneurs, adorez-le, respectez-le, consultez-le au besoin, et cela sans rire. En tous les temps, la foi et la crédulité ont servi à quelque chose ; ici elle tourne à votre profit.

Et, pendant que votre nouveau roi gouverne son peuple sans commettre la moindre faute, sans lui coûter une obole, choisissez de bons mandataires qui éliront parmi eux le plus digne et administreront avec sagesse et modération, assistés de fonctionnaires qui seront votre chose à vous, exécuteront vos instructions à la lettre, s'efforçant de vous être agréable, par cette raison même que la manne qui leur tombait précédemment d'en haut ne leur parviendra plus que d'en bas...

Peuples de l'univers en général, et en particulier ceux qui nous entourent ; vous tous en un mot qui ne vous croyez pas assez mûrs pour vous administrer vous-même, essayez de notre royauté du soliveau ; si vous vous en trouvez trop bien, vous aurez toujours le temps de revenir à un plus triste et plus malheureux sort.

Quant à la nation française, elle veut fonder sérieusement un ordre de choses où celui qui paie devient l'arbitre de ses destinées ; maîtresse de ses actes, cette nation veut à l'avenir faire elle-même ses affaires ; soucieuse de ses devoirs les plus sacrés, de ses prérogatives les plus chères, elle n'aura plus foi qu'en elle-même.

Cultivateurs ! ouvriers ! on vous avait consulté pour perpétuer à jamais une dynastie qui vient de s'effondrer sous le poids de ses fautes, et pour atteindre le but, on a usé des tristes moyens que vous savez.

Lorsqu'il s'est agi de faire la guerre, avec votre sang, avec votre argent, on ne vous a pas même demandé votre avis. Cultivateurs et ouvriers ! n'oubliez pas que sous un roi quelconque il en a été et il en sera toujours de même....

Notre conclusion est claire ; tôt ou tard un peuple finit par la République ; nous en sommes arrivés là ; il s'agit de nous y maintenir.

Pour atteindre ce résultat, les moyens-termes sont insuffisants ; il faut trancher dans le vif, brûler ce que nous avons adoré, et surtout ne pas perdre un temps précieux, sous prétexte de légalité ou de parlementarisme, dans d'oiseuses et interminables discussions...

Il y avait, une fois, vous en souvient-il, des sénateurs à trente mille francs pièce ; à peine le vivre et le couvert ! on voulut encore les réduire ; ils criaient comme des aigles ! la discussion sur un pareil sujet allait s'éterniser ; pan, arrive un décret du gouvernement provisoire qui supprime le Sénat !... l'incident fut vidé et la question jugée comme vous le pensez bien. Mais les sénateurs... on n'en entendit plus parler. On ne sait ce qu'ils sont devenus.

Comprenez-vous l'apologue? le temps des longs discours est passé ; il faut agir vite et bien, et retourner encore plus vite en toutes choses à la simplicité de nos pères,

C'est par le luxe et la dépense que les rois corrompent les peuples. Voyez d'un côté ces gros et gras fonctionnaires, galonnés, dorés sur toutes les coutures, et, d'un autre, ces braves cultivateurs, ces honnêtes ouvriers dans leurs costumes de travail ; les premiers font l'effet de demi dieux ; les seconds ressemblent à peine à des hommes; cependant ceux-ci font vivre ceux-là, et chaque jour il entre dans la poche des premiers, sans réciprocité, une parcelle si minime qu'elle soit du travail des derniers.

Il y a un moyen bien simple de sortir de cet impasse ; réduisez tous les traitements au strict nécessaire; ils ne seront plus un appât pour les gens faibles et serviles, pour les familles inquiètes de l'avenir de leur enfant.

Que ferons-nous de notre fils? un ingénieur, un directeur, contrôleur, receveur, percepteur, vérificateur ou autre chose en eur?...

Vous le laisserez aux champs qui l'ont vu naître ou vous en ferez un habile artiste, un commerçant intègre , un industriel consommé. Rien de tout cela ne sent l'esclavage, et l'esclavage est synonime d'abrutissement.

Alors un préfet gagnera, selon sa classe, de huit à douze mille francs ; un chef d'administration de quatre à six mille francs ; toutes les autres places seront au-dessous. Les ministres, trente mille francs. Les ambassadeurs de même. Le président de la République seul aura cent mille francs.

Vous criez ! vous trouvez que ce n'est guère ; croyez-vous qu'un cultivateur, qu'un ouvrier, qui ont travaillé toute l'année, joignent souvent les deux bouts ?

Et puis comment ferez-vous des économies, où trouverez-vous des fonds pour combler les vides énormes laissés par le précédent régime ; où puiserez-vous pour indemniser ces provinces ruinées, mourant de faim, qui vont faire un appel suprême à votre générosité, à votre justice ?

Il n'est plus le temps où sous un roi quelconque on ne trouvait pas sur le budget le moindre petit centime à prélever, pendant que des abus scandaleux écrasaient la nation.

Nous sommes sous un gouvernement qui porte pour devise : Liberté, Egalité, Fraternité. Que nul citoyen n'oublie les devoirs que ces mots lui imposent, il pourrait bien se les faire rappeler.

CONCLUSION

Il faut conclure. Après tout ce qui vient d'être dit, notre tâche est facile. Nous ne devons plus nous occuper que de l'avenir.

Quant à ceux qui ont fait un pacte avec le passé, nous n'avons rien à faire avec eux ; nos arguments ne les toucheraient guère.

Traitements

Réduction des traitements à des chiffres tellement modérés qu'ils porteront les citoyens aux professions libérales et les éloigneront des fonctions administratives. Interdiction du cumul. Simplification des rouages administratifs. Suppression du nombre des employés.

Décorations

Suppression des décorations et uniformes dans les ordres civil et administratif. L'institution de la Légion d'honneur est réservée à l'ordre militaire. Création d'un ordre de mérite pour récompenser les actes de courage à quelle classe de citoyens qu'ils appartiennent.

Service militaire

Abolition de la conscription. Tous les Français sont

soldats depuis l'âge de 20 ans et doivent deux ans de service effectif sous les drapeaux. Ils demeurent ensuite à la disposition du pays jusqu'à l'âge de 50 ans. En temps de paix, ils forment une garde nationale, ayant des réunions hebdomadaires et responsable de la tranquilité publique.

L'élection en matière militaire n'est pas admise.

Cultes

Suppression du budget des cultes. Toute religion a droit à la protection morale de la République; elle puise des ressources matérielles parmi ses adhérents; il lui est interdit de sortir du domaine religieux.

Communautés religieuses

Suppression des communautés religieuses ; vente de leurs biens en déduction des dettes de l'Etat et en secours aux provinces ruinées par la guerre.

Droits réunis

Suppression des droits réunis. Il sera pourvu à leur remplacement par la création d'un autre impôt plus moral et pratique.

Presse

Liberté complète de la presse, de l'imprimerie et de la librairie. Abolition du timbre. C'est par l'impôt sur la pensée que les peuples ont été maintenus jusqu'ici dans l'ignorance et le servage.

Enseignement

Instruction primaire gratuite et obligatoire. Liberté de l'enseignement supérieur. Interdiction aux sectes religieuses de s'occuper d'instruction. Répartition équitable d'une éducation nationale, forte, virile, en rapport avec les principes de 1789.

Elections

Annuité des élections communales, cantonales, d'arrondissements, départementales et générales. On ne fait bien que ce que l'on fait souvent. Il en est de même de la présidence de la République. Tout candidat élu est rééligible. Il doit chaque année à ses commettants le compte-rendu de ses travaux.

Chemins de fer

Etablissement d'une classe unique dans les chemins de fer. Amélioration du service (traction et matériel). Augmentation de la rapidité des trains. Abaissement des tarifs.

www.ingramcontent.com/pod-product-compliance
Lightning Source LLC
Chambersburg PA
CBHW071445030726
47594CB00006B/2832